JN418988

석야 신웅순 시 · 서첩

절제와 인연의

행간에는 강물이 그리 많이 흘러 갔고 강과 산 닿지 않게 저어 온 한척 배
내사랑 띄어쓰지 못하고 빈 칸만 끌고 왔네

석야 신웅순 시 · 서첩

절제와 인연의 미학

미 술 문 화 원

내 사랑, 빈칸들 …

절제와 인연의 미학.

지나온 세월이었으며 나의 시, 나의 글씨였다. 예까지 끌고 온, 띄어쓰지 못한 내 사랑 빈칸들이었다. 젖은 이슬비도 있고 머문 바람도 있고 잔잔한 파도도 있다. 짧은 만남도, 긴 이별도, 서러운 고독도 있다.

강물이 되어 흘러갔고, 산이 되어 기다렸고, 바람이 되어 서성거렸던 내 사랑, 빈칸들.

44년의 긴 교직 생활. 먼 철길이었고 먼 간이역이었고 때론 텅 빈 대합실 빗방울들이었다.

환승역에 나의 70여편의 시·서를 마련했다.

내 큰 딸의 '아버지', 내 아내의 '홍매도' 그리고 채현병 시인의 찬 시조와 글씨, 참으로 고맙다. 그리고 정년을 축하해준 제자들 김미경, 김성숙, 김신영, 김영남, 류용곤, 백명자, 심주용, 유선희, 이호영, 정연복, 조경순 시인의 시조들, 눈물겹게 고맙다.

돌아가신 부모님과 내 아내, 딸들에게 시 · 서첩 『절제와 인연의 미학』을 바친다. 제자들에게도 이 사랑을 담아 드린다.

지난 묵언수행들이 시와 글씨가 되었다. 큰 사랑이었고 큰 행운이고 큰 축복이었다.

그렇게
부딪치고도
소리 하나
남지 않고

그렇게
부서지고도
적막 하나
남지 않고

소리도
적막도 없는
그리운
그대 생각

-「내 사랑은 21」

2017.5 매화헌에서 석야

목 차

Part 1

석야 신웅순

Part 2

사제 동행

Part 3

축하 시 · 서 · 화

Part 1

석야 신웅순

지난날 40여년의 삐뚤빼뚤 나의 발자국들이다.

근래에 창작한 것들이다. 1996년부터 지금까지의 개인전과 그룹전의 작품 일부도 같이 앉혔다.

내 사랑하는 사람의 기쁨과 눈물이 여기에 있다. 내 고향 솔바람소리, 물소리도 있다. 시는 강이고 산이며 글씨는 구름이고 바람이다. 강과 산에 구름과 바람이 머물다가는 것은 당연한 이치가 아닌가.

내가 해야할 일은 화선지에 먹물 몇 점 떨어뜨리는 일이다. 그 몇 점 먹물이 아름다운 시가 되고 멋진 글씨가 되고 그윽한 그림이 되었으면 좋겠다.

어머니

38×23cm

내가 휘호한 「어머니」 시조집 제목이다.

세상에서 가장 아름다운 이름, '어머니', 어머니라는 말만 들어도 눈물이 글썽글썽해진다. 어머니의 존재는 그렇게 누구에게나 서럽고 애틋하다.

나는 어머니와 함께 한집에서 반세기를 살았다. 50년 전 초가집에서 만나 50년 후 아파트에서 이별했다. 어머니가 돌아가신 지 20여년이 되어간다. 엊그제 같은데 세월이 그렇게 흘렀다. 그 날은 눈이 유난히도 많이 내렸다. 추한 것들, 더러운 것들 다 덮고 떠난 겨울 바람, 하얀 눈길을 따라 발자국 소리 하나, 바람 소리 하나 남기지 않고 떠나셨다.

눈 감으면 고즈넉 흔들리는 어머니의 불빛, 그것은 어머니가 내게 주고 간 영원한 그리움이며 안식처였다.

대숲

68×34cm

어머니 시집의 제2부 제목이다.

옛날 내 고향집 옆에 곰부리 영감님이 계셨다. 거기에는 대숲이 우거져있었다. 우우우 바람이 대숲을 흔들고 가면 소나기가 내렸다. 그런 대숲 소리를 들으며 자랐다.

나는 대를 좋아한다. 대는 곧고 마디가 있으며 속이 텅 비어있다. 그것이 좋았다. 누구나 나름대로 세상을 살아가는 방법이 있다. 갈대로 살아가는가 하면 들풀로 살아가는 사람도 있다.

나는 대숲처럼 살고 싶었다. 범접할 수 없는 고고한 대숲소리를 들으며 살고 싶었다. 대숲에 쓸리는 싸락눈 소리, 대숲에 스쳐가는 부슬비 소리, 대숲에 부딪치는 달빛 소리….

어머니는 늦게까지 밭에서 일했다. 집으로 돌아올 때면 초승달은 언제나 어머니의 뒤를 따라왔다. 사립문을 들어서면 초승달은 갑자기 대숲으로 사라졌다. 고샅에 내리던 어둠은 이내 대숲으로 빨려들어갔다. 금새 어둠은 마을 전체를 새카맣게 덮었다. 그런 대숲이 내 고향집 옆에 있었다.

초가

어머니 시조집 제 1 부의 제목이다.

나는 초가집에서 태어났다. 거기에서 어린 시절을 보냈다. 나는 나고 자란 내 고향집을 잊을 수 없다. 커서는 정자나무 집으로 이사를 했으나 모든 시의 원천은 내가 태어난 바로 그 곳, 충남 서천군 기산면 산정리 181번지이다.

안방, 윗방 그리고 사랑방이 있었다. 또 하나의 별채가 있었는데 내가 공부하고 미래의 꿈을 키워왔던 곳이다. 거기에는 방 하나, 헛간 그리고 광이 있었다. 아버지는 살림이 어려워 그 집을 통째로 팔았다. 그 집은 내 고모네집이었던 서천군 문산면 등고리에 세워져 있다.

지금 내 고향 본채에는 다른 사람이 살고 있다. 내가 집을 사고 싶어도 살 수가 없게 되었다. 아늑한 고향집을 그리며 대신 여기에 '초가'의 휘호를 남긴다.

34×68cm

죽비

42×33cm

2015년에 오석 김일환 선생으로부터 보령 백운진상석금사문연(白雲眞上石金絲紋硯) 선물을 받았다. 조선시대 실학자 서유구의 임원경제지에도 기록되어있는 전설적인 보령 벼루이다

한번 물을 담가 놓으면 30일에서 최고 두 달까지 마르지 않는 먹갈림이 부드럽고 발묵이 탁월한 벼루이다. 백운진상석에는 石卵硯, 金絲紋, 銀絲文白雲上石, 花草硯, 磁石硯 등이 있는데 금사문연은 금실무늬가 들어 있어 물에 적시면 은은한 금실 무늬가 살아나는 것이 특징이다.

나는 이 벼루를 '죽비' 라고 명명했다. 죽비는 대나무로 만든 회초리로 절의 선방에서 졸지 말라고 등을 내리칠 때 쓰이는 도구이다. 늘 깨어있으라는 애기이다. 서법의 길은 끝없는 묵언 수행의 길이다. 그것은 내가 걸어가야하는 길이다.

기쁨 · 기도 · 감사

기쁨 · 기도 · 감사, 이보다 더 좋은 말이 어디 있을까. 이 세 낱말을 빼면 우리 인생에 무엇이 남을까.

기뻐하면서 살자. 기도하면서 살자. 감사하면서 살자.

살아가는 우리의 인생은 이런 것이어야하지 않겠는가.

68×34cm

울음

바람은
그날
불빛을 가져갔고

봄비는
그날
그림자를 가져갔다

영원히
돌아오지 않는
울음도
가져갔을까

–「어머니 31」

58×34cm

어머니는 영원히 돌아오지 않는 울음이다. 어머니는 그 울음마저 가져갔다. 나는 그 자리에 「어머니 31」 시를 남겼다.

바람이 불빛을 가져갔고, 봄비가 그림자를 가져갔다. 그리고 영원히 돌아오지 않는 울음도 가져갔다.

나에겐 이런 울음도 있었다.

석(石)

34×34cm

나는 돌처럼 굳고 들처럼 넓게 살아가고자 오래 전부터 '石野'를 자호로 쓰고 있다. 석은 8대의 선조인 시인 「관서악부」의 석북(石北) 신광수, 나의 재당숙 시인인 「바라춤」의 석초(石艸) 신응식 그리고, 「한산초의 모시」 석야(石野) 신웅순의 호에서 땄다. 고령신씨의 자부심으로 일자 '石'을 휘호해보았다. 三石(삼석)이 되었다. 나에게 석은 특별한 의미가 있다.

어머니 5

하늘은
낮고
산은
깊었었지

유난히도
진달래꽃
붉게 핀
봄이었지

남몰래
산너머 가서
울먹였던
그 봄비

–「어머니 5」

당시 초등학교를 졸업하면 남자 아이들은 농사일을 도왔고 여자 아이들은 집안일을 거들었다. 그러다 남자는 무작정 상경하기도 하고 여자는 부유한 집으로 식모살이 가기도 했다. 남몰래 뒷곁에서 봄비처럼 서럽게 울었을 그들. 서울 가는 완행열차에 몸을 싣고 '돈을 많이 벌자. 돈을 많이 벌자' 수 없이 되뇌었을 그들이 지금의 5,60대들 바로 우리들 세대였다.

68×34cm

당시만 해도 천지가 보리 농사였다. 농촌의 삶에서 없어서는 안 될 주 먹거리인 밭농사였다. 산업사회로 접어들면서 보릿고개는 보리 농사와 함께 그만 자취를 감추고 말았다. 그런 보리가 이제는 우리 식탁에서 빼놓을 수 없는 건강식이 되었으니 초등학교 때만해도 부황기로 얼굴이 누렇게 뜬 학생들이 많았는데 격세지감이요 상전벽해이다.

초근목피의 보리꽃 피는 고개가 아니었더면, 진달래 붉게 피는 바위 고개가 아니었더면 지금의 우리는 어떤 모습으로 살아가고 있을 것인가.

어머니 11

산이
먼저 가고
들이
따라서 갔다

그 때
진달래꽃
그 때
뻐꾸기 울음

뒤 늦은 편지 끝 구절에
말없음표 찍고 갔다

–「어머니 11」

필자가 30살 때 아버지가 돌아가셨다. 지독히도 더웠던 비가 참으로 많이도 쏟아졌던 한여름이었다. 아버지는 지게에다 산 하나를 지고 가셨다. 20년 후엔 어머니가 따라서 가셨다. 지독히도 추었던, 참으로 눈이 많이도 퍼부었던 한겨울이었다. 어머니는 광주리에 들을 이고 가셨다. 아버지는 빗발로 가셨고 어머니는 눈발로 가셨다.

농촌이었고 산촌이었던 고향 마을. 고갯마루에 오르면 겨울엔 우우우 북풍

뒤늦은 편지 끝구절에
말없음표 찍고 갔다

34×68cm

이 몰아쳤고 들을 질러가면 여름엔 더위가 훅훅 달아올랐다.

어머니가 가신 10년 후 나는 '어머니' 시를 쓰기 시작했다. 나를 낳아 길러주신 내 어머니를 시 아니면 달리 갚을 길이 없었다.

사월이면 앞산엔 진달래꽃 천지였고 오월이면 뻐꾸기 울음 천지였다. 이제야 편지 끝 구절에 말없음표 찍고 간 진달래꽃, 뻐꾸기 울음. 나는 어렸을 때 책이 없어 동화책 한 권조차 읽지 못했다. 나에겐 강과 산, 들과 나무, 꽃과 나비 이런 것들이 내가 읽은 동화책 전부였다.

'어머니' 하고 부르면 이런 몇 개의 단어 밖에 생각나지 않는다. 나이 들어 언어의 감옥에 갇혀 살아왔던 것은 이 때문이었다.

내 사랑은 50

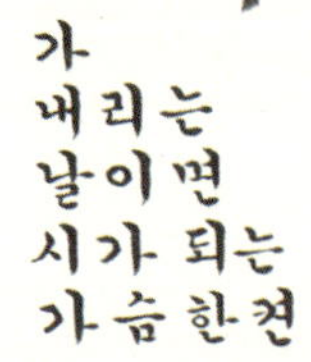

34×68cm

머언
세월일까
머언
기슭일까

못 부친
엽서 한 장
놓고 간
이는

봄비가
내리는 날이면
시가 되는
가슴 한 켠

– 「내사랑은 50」

아름다운 것은 오랫동안 나와 함께 머물고 있는 것들이다. 찬라와 영원, 가까운 것과 먼 것들도 백지장 한 장 차이이다. 망각과 그리움, 미움과 사랑 다 백지장 한 장 차이이다. 그녀는 못 부친 엽서 한 장인 줄 알았다. 머언 세월, 머언 기슭에다 놓고 간, 못 부친 엽서 한 장인 줄 알았다. 봄비가 내리면 시가 되는 가슴 한 켠인 줄 알았다.

마른 땅을 적시고 간 한여름 소나기였고, 마른 하늘을 때리고 천둥, 번개였다.

무지개는 멀리 있어 아름다운 것이다.

기다리는 마음

71×20cm

탁자에 찻잔 하나 놓여있다. 탁자에 앉은 사람은 누구이고 그는 무슨 생각에 잠겨있을까. 누군가를 기다린다는 것은 행복한 일이다. 축복 받은 사람이다. 세상은 이처럼 찻잔 하나 놓고 기다리는 것은 아닐까.

탁자 위 찻잔 하나. 기다리는 나의 마음이다.

당신

눈물나게 아름답습니다.
당신이 그런 사람입니다.

아무리 생각해도 내 아내는 이런 사람이다.

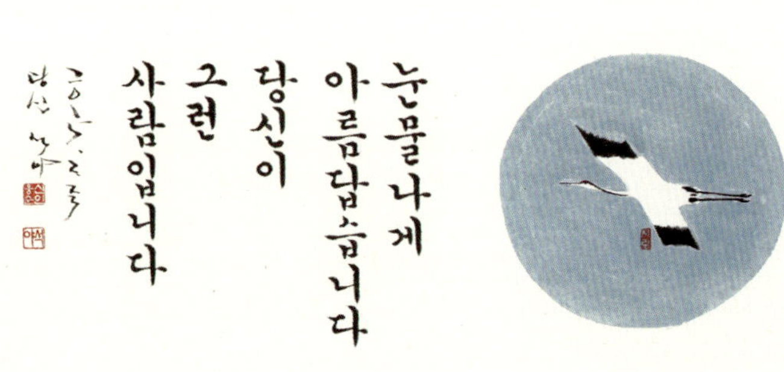

「당신」, 석야 시·서·화, 2015 유정한글서회전 출품작, 61×34cm

내 사랑은 12

가슴에
일생
또 있는
달인지 몰라

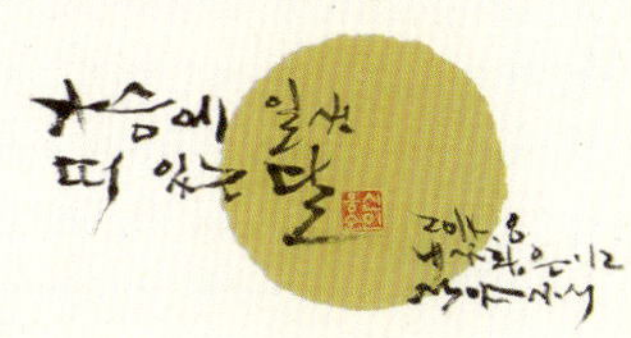
57×17cm

가슴에
일생
떠 있는
섬인지 몰라

그래서
하늘과 바다가
가슴에
있는지 몰라

사랑을 하면 가슴에 일생 달이 떠 있고 가슴에 일생 섬이 떠 있다. 그래서 하늘과 바다가 가슴에 있다. 사랑이 무엇인지 모르겠다. 그렇게 밖에는 달리 표현할 수가 없다. 하늘과 바다가 가슴에 있지 않으면 어찌 달과 섬이 떠 있겠는가.

어머니 24

뻐꾹새, 소쩍새가
앉았다 간 걸 보면

산국, 씀바귀꽃
피었다 진 걸 보면

바람도 울다가는 곳
따로
있나 보다

– 「어머니 24」

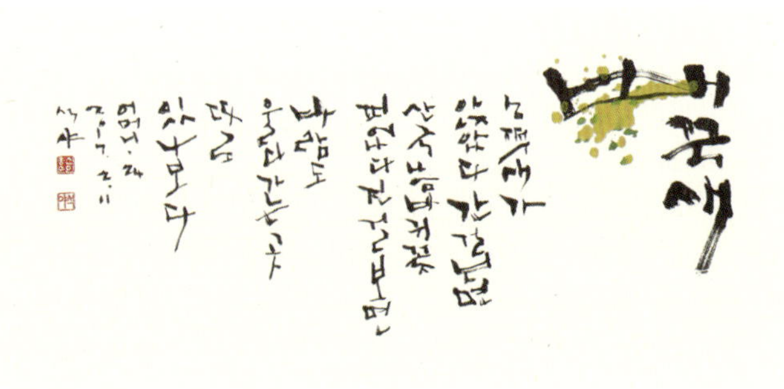

68×34cm

뻐꾹새, 소쩍새가 앉았다 가고, 산국, 씀바귀꽃 피었다 진 것을 보면, 바람도 울다 가는 곳 따로 있나 보다.

새들이 앉았다 가는 곳이, 꽃들이 피었다 지는 곳이, 바람도 울다가는 곳이 바로 우리가 사는 세상, 이승이다. 어머니가 혼자 울다 간 이승이다. 누구든 따로 울다 가는 곳이 어디 있겠는가. 그게 다 우리가 함께 사는 세상이 아닌가.

내 사랑은 50편

'봄비가 내리는 날이면 시가 되는 가슴 한 권' 으로 '내 사랑은' 은 막을 내렸다.

50편의 시조들은 사랑하는 사람들에게 못 부친 엽서 한 장 한 장 들이다. 서러운 가슴 한 권에 남아 흔들리는 풀꽃들이다. 바람에 날아갈 것 같아 이제는 이 천치들을 그들에게 부쳐줘야겠다.

이름 한 번 불러 보지 못하고 상형문자로 남은 사색들, 영원한 독백들이다.

사랑하는 연인에게 이 시를 바친다.

누군가를
사랑하면
일생 섬이 된다오

내 사랑은

1
함박눈 때문에
인생은 숨을 돌고
출러기 섬이 있어
사랑은 출렁이나
울음이 섞인 내나이
해당화로 피지고

2
한생에 따라온 비
갯벌은 흠뻑 젖고
세상 몇 번 돌아도
언제나 낯선 길들
사랑은 거센 눈보라
휘몰리는 빈 허공

3
풀벌레 울음 섞인
한세상 살고 난 후
그렇게도 퍼붓다가
함박눈은 떠났는데
술잔엔 저하늘 담고
멀리 섬도 떠있다

4
말려보는 파도를
세월 밖에 내리고서
불혹의 가슴에 와
서럽게도 출렁이는
산맥을 떠나지 못하고
흩어지는 미 빗방울

5
첩첩 잠든 하얀 갈꽃
산 하나 앓고 있다
아침 햇살 산마루에
흰구름 서성대는
시월의 텅빈 하늘
부옥 젖어가는 그대

6
얼마를 걸어가야
별마꽃이 풀리는가
우주에서 미움되어
흩어버린 철새울음
어딘지 지금도 몰라
가슴에선 달이 뜨고

7
상처 받은 낱말들은
어디에 있는 걸까
강가를 걷다가
산모롱 멎지 않을까
망초꽃 에굽은 길가
혼자 눈물 서성일까

8
그리운 것들은 다
산너머 있는데
파도도 거기 있고
바람도 거기 있고
반가울 서성이던 빗방울
거기 없다네

9
그날이 바람불면
강을 건너고
우수수 낙엽지면
산을 넘었었지
가슴에 달 뜨고 부서지는
결국 길 잃고 말았지

10
가을비는 그 많은
편지 쓰고 갔고
가을바람은 그 많은
낙서 지우고 갔지
눈발은 이제사 그리운가
산 넘고 또 산 넘네

11
세찬 칼바람도
그곳에서 찾아들고
종일 눈발도
그곳에서 찾아드는
아득한 가슴 한편에
등불 걸어둔 그대

12
가슴에 일생
떠 있는 달인지 몰라
가슴에 일생
떠 있는 섬인지 몰라
그래서 하늘과 바다가
가슴에 있는지 몰라

13
산너머 눈발인지
들녘의 달빛인지
그렇게 그리운것들은
끝없이 바람불고
그렇게 서러운 것들은
끝없이 출렁거리니

14
그리움의 가슴은
너무나도 차갑다
줄지 않으려고
얼지 않으려고
물가득 연못에 담고
밤마다 찰싹거린다

15
아마도 저
수평선였는지 몰라
그래서 더욱 서럽고
그래서 더욱 절절한
한허리 세월의 끝에
매여 있는지 몰라

16
노을 많은 이가
한번 지나갔었지
나머지 물새가
저녁 끝까지 울었었고
내게는 그런 강가가
언제부턴가 있었지

17
산을 넘지 못한
그 많은 눈발들은
긴긴 밤 읽는이 없는
기인 편지를 쓰고
발자국이 되어 떠나갔지
눈보라가 되어 떠나갔지

18
한강에서 이별한
그 많은 발자국을
겨울새 산너머에서
억새들은 목이쉬고
영원히 침묵한 창가를
흐르는 내사랑

19
강가에 혼자
왔다간 달빛일지 몰라
누구의 울음 남겨둔
흔적일지 몰라
늦가을 그대 가슴에서
한가하는 이가을비

20
제일 외로운 곳에
놓여 있는 빈잔
그 바람소리
듣는 이 아무도 없는 빈잔
달빛이 가져가려는 꽃도
담을수 없는 빈잔

21
그렇게 부딪히고도
소리하나 남지 않고
그렇게 부서지고도
자국하나 남지 않고
소리도 자국도 없는
그리운 그대 생각

22
세상에 그리운 것
세상에 보고 싶은 것
다 생각과 만나
생각과 헤어지는데
지친 몸 끝에 와서는
등불은 늦도록 앓고

23
기러기 울음소리
그 끝에서 쉬이고
그 봄 새벽 달빛
그 끝에서 적는다
인생의 허리쯤이 아프면
그렇게 되는 걸까

24
비를 두고 왔지
바람을 두고 왔지
세월은 강가 저쪽에
혼자 있었고
봄비가 그친 저쪽엔
내 설움이 있었지

25
눈멀고 귀가 멀면
해뜨고 달뜨는가
그리움도 불빛 섞여
생각까지 젖시는데,
오늘은 영혼 끝자락
가을 별에 타고 있다

26
스쳐 간 생각들은
강물 되어 흘러간다
나머지는 빈 잔에 고여
뜨겁게 울다가
누구를 찾기를 따라
어디론가 가고 있다

27
언제나 하나는
참으로 멀고 멀다
누게 만날 적에
흐느끼지도 못하고
며칠째 비가 내리는
지천명 더딘 걸음

28
당신은 나에게
첫 기도 첫 눈물
빈 잔엔 낮별들이
잠 못 자고 있는데
달빛이 떠나간 밤엔
영혼 마저 우는구나

29
언제나 눈발은
천리를 가는구나
언제나 별빛은
낭떠러지기에 서있구나
가지도 서지도 못하고
떨어지는 밤뉘의 눈물

30
불빛은 무얼 하는지
밤새 켜져있고
바람은 무얼 하는지
밤새 창을 흔든다
어둠은 무얼 하는지
밤새 날을 기웃거리고

31
참으로 비가 많고
눈이 많은 사십에
참으로 산이 높고
강이 깊은 사십에
그 누가 맨 나중에 와
등불 하나 걸고 갔나

32
태어날 때부터
칼날이 생겼고
불혹을 넘어서는
가시덕이 생겼지
이제는 망망대해의 섬
터엉 빈 대합실

33
행간에는 강물이
그리 많이 흘러갔고
강과 산 닮지 않게
되어온 한 척 배
내 사랑 띄워 보지 못하고
빈 잔만 끌고 왔네

34
강이 있어 꽃은
붉게 피는 것이다
산이 있어 꽃은
붉게 타는 것이다
그리운 사람이 있어
꽃은 붉게 지는 것이다

35
나에겐 가을과
겨울만이 오고 갈 뿐
누가 볼 바지랑대
낮달 하나 걸려 있네
수신이 되지 않는 날은
새가 되어 날아가고

36
강은 흐르는 게 아니라
깊이 생각하는 것이다
바람은 부는 게 아니라
몹시 그리워 하는 것이다
서 있는 게 아니라 산은
서럽게도 기다리는 것이다

37
유난히 파도가 많아
참말로 서러운 사람
유난히 길이 많아
참말로 그리운 사람
그렇게 많은 빗방울
뒤섞이던 그 사람

38
봄비는 언제나
거기서 떠났었지
뒤녘 눈은 언제나
거기서 그쳤었지
오늘도 잠 못 이루는
먼 철길 간이역 불빛

39
파도가 이는 날은
둥근 달이 떠올랐지
바람이 부는 날은
목선 하나 닿았었지
그대가 보고 싶은 날은
동백 붉게 피었었지

40
강을 건너기 위해
산은 내었고
산을 적시기 위해
강은 출렁거린다
강물에 산이 빠질까
배 한척 띄우는 강

41
기어이 불혹 끝에서
파도가 이는구나
한마디 말도 못하고
파도가 이는구나
그게 다 망초꽃 인줄
마음이 하나 없구나

42
바람은 눈과 비를
데려 올 수 있지만
산너머 그리움은
데려오지 못하네
그때에 불빛은 생겼고
그림자도 그때 생겼지

43
철새는 앉을자리 없이
하늘을 날아가고
눈발은 닿을자리 없이
지상에서 녹는다
인생은 앉을 자리 없이
끝없이 바람 불고

44
날아온 것은 꽃들이
피다 만 것들이고
나머지는 물새들이
울다 만 것들이다
강가에 혼자 있을 것 같은
눈썹 젖은 내 사랑

45
참말로 서러운 사람은
파도가 없다
참말로 그리운 사람은
바람이 없다
그 많은 파도와 바람이
방파제에서
부서진 것이다

46
세상에서 제일 빛날때
철새는 아득히 울다
울어도 별이
되지 않는 철새가 있다
끝없이 별이 되지 않는
그것은 그리움

47
누군가를 사랑하면
일생 섬이 된다
유난히 파도가 많고
유난히 바람이
많은 섬
그래서 가슴에는 평생
등불이 걸려있다

48
그 많은 마침표가
어디에 있는지
간밤의 나머지를
울어대는 뻐꾸기
오늘은 울음의 반을
그대에게 부치리

49
지난날엔 달빛이
창가를 다녀가더니
오늘은 영혼에까지
가을 별이 들어와
내 사랑 뜨겁게 적시고
서럽게도 하는구나

50
어떤
제목일까
어떤 기술일까
꽃부치로 엽서 한장
놓고 가는 이는
봄비가 내리는 날이면
시가 되는 가슴 한편

2017. 5. 8
결혼 [illegible] 기념
누군가를 사랑하면 일생
섬이 된다
내사랑은 50편
석야 시 서

35×560cm

유창근의 시 '인생'

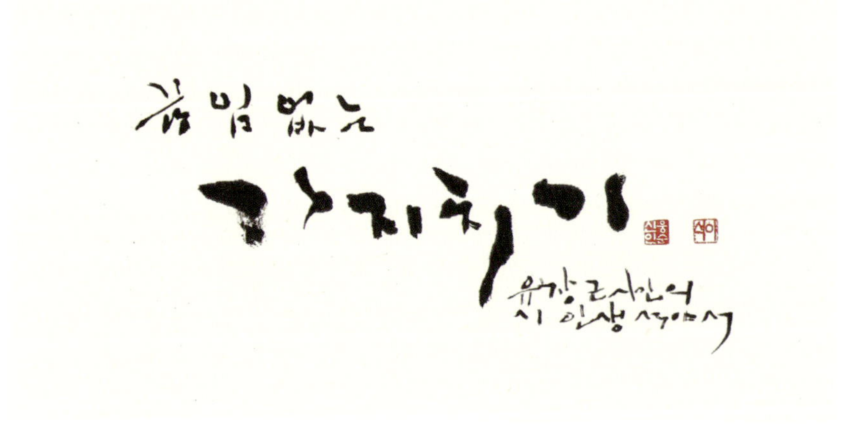

41×24cm

인연에는 범연, 호연, 악연이 있다고 한다.

누군가가 그랬다. 사람을 잘 만나면 인생이 바뀐다고. 시인은 내 인생에서 지금의 나를 있게 한 언제나 고마운 분이시다.

시인은 나의 선배님이기도 하다. 시인의 시 '인생' 을 휘호해 그 분께 바친다.

시인은 끊임없는 가지치기를 통해 끊임없이 마음을 비우고 계신다. 이 휘호도 시인에게는 또 하나의 짐이 될 듯 싶다.

따뜻한 정성을 담아 드린다.

언제나 봄날

1982년 나는 숭전대 국어교육과를 졸업하고 평택 한광여중 국어교사로 발령을 받았다.

여기에서 고향 출신 장하영 선생님을 만났다.

그 분은 참으로 따뜻한 분이셨다. 실수라도 하면 허물을 다 덮어주는 봄날 같은 형님이셨다. 그 분께 나중 국전 작가가 되면 한산초 '모시' 병풍을 해 드리고자 약속을 했다. 35년이 지났으나 마음만이 있었을뿐 약속을 끝내 지키지 못했다.

이 기회를 핑계 삼아 고마운 마음을 '언제나 봄날' 휘호에 담아드린다. 그래도 그 분은 마음으로 다 받아주실 것이다.

참으로 고마운 분이시다.

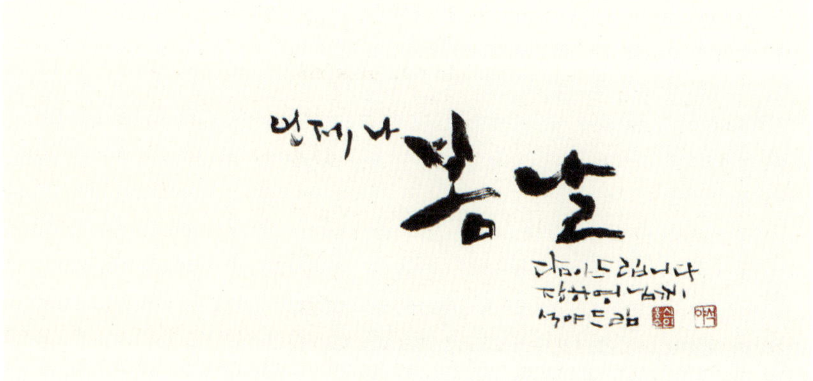

58×30cm

내 사랑은 33

행간에는
강물이
그리 많이
흘러갔고

강과 산
닿지 않게
저어온
한 척 배

내 사랑
띄어쓰지 못하고
빈 칸만
끌고 왔네

– 「내 사랑은 33」

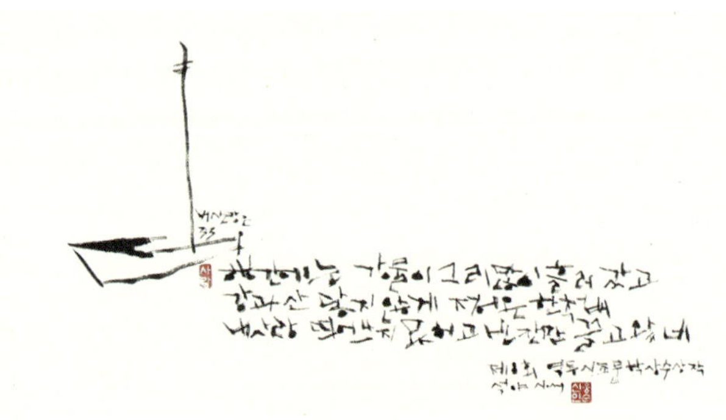

53×27cm

2017년 역동 문학상 수상작품이다. 10여년을 시집 속에 묵혀있다 이제야 빛을 보았다. 빈 배 한 척 그림을 왼쪽에 텍스트는 오른쪽에 배치해 캘리 형식으로 휘호해 보았다. 예술에도 궁합이 있다. 운이 좋으면 좋은 상대를 만나면 빛을 발할 수 있고 그렇지 않으면 영원히 죽어갈 수도 있다. 나의 예술은 사랑처럼, 인생처럼 빈칸만 끌고 왔는지 모르겠다.

충주 시인 서인희 님이 이 시조를 낭송해 축하해주었다. 고마운 표시로 서 시인에게 시조집 「어머니」와 에세이집 「서천 촌놈 이야기」를 부쳐주었다.

내 사랑은 34

강이 있어 꽃은 붉게 피는 것이다
산이 있어 꽃은 붉게 타는 것이다
그리운 사람이 있어 꽃은 붉게 지는 것이다

– 「내 사랑은 34」

그대가 있어 꽃은 붉게 피는 것이고 그대가 있어 꽃은 붉게 타는 것이다. 그대가 있어 꽃은 붉게 지는 것이다.

그대는 강이고 그대는 산이고 그대는 그리운 사람이다. 늘 보고 싶은 사람이다.

보고 싶어서 붉게 피고, 보고 싶어서 붉게 타고, 보고 싶어서 붉게 지는 것. 그것이 사랑이 아닐까.

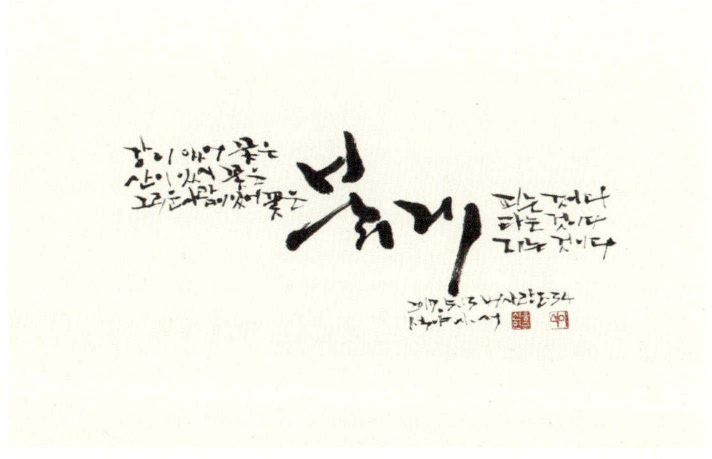

45×30cm

내 사랑은 35

나에겐
가을과
겨울만이
오고 갈 뿐

늦가을
바지랑대
낮달 하나
걸려있네

수신이
되지 않는 날은
새가 되어
날아가고

「내 사랑은 35」

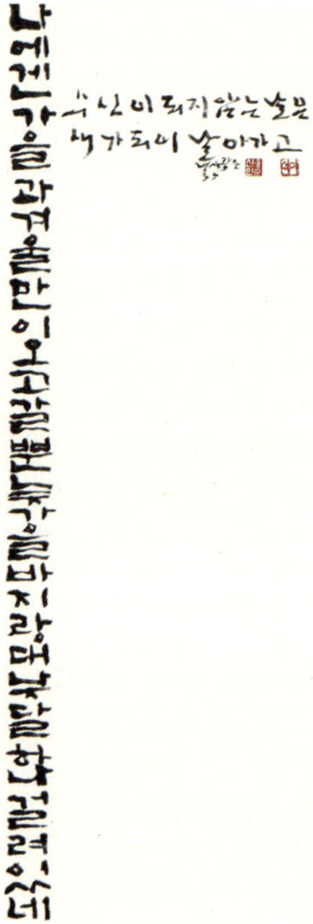

35×70cm

안테나를 세워보았으나 언제나 수신 불가이다. 낮달하나 걸려 있을 뿐, 언제나 새가 되어 날아간다. 이렇게 쓸쓸할 수 있을까.

그 때 날아간 새가 다시 바지랑대로 돌아와 앉았다.

그 때의 쓸쓸한 마음이 한점의 휘호, 안테나가 되었다.

부부

햇살이 종일 내 곁을 떠나지 않습니다.

언제나 당신은 그랬습니다.

둘이 하나가 된다는 가정이 달 5월 21일이 부부의 날이다. 2015년 5월 21일 부부의 날에 짓고 썼다. 사람들은 흔히 생일이나 결혼 기념일은 기억을 해도 부부의 날은 지나치기 일쑤이다.

결혼 후 처음으로 부부의 날을 기념해 이날 아내에게 시 한 수를 바쳤다.

웃는 꽃잎의 두 모습은 부부를, 한 줄기는 마음이 하나라는 뜻으로 상징해보았다.

「당신은 언제나 그랬습니다」, 석야 시·서·화, 2015 유정한글서회전 출품작, 57×34cm

비가 오면

비가 오면
거리와 골목이 비어 있고
산과 들이 비어있다
자그만 도시가 비어 있고
우리들의 가슴이 비어 있다
그래서 버리고 싶은 것이 너무 많고
그래서 포기하고 싶은 것이 너무나 많다
오늘 하루도 아팠던 이름 석 자
공터에 몰래 연탄재처럼 버리고 싶었는데
어느덧 나는
어둠 속에 일찍 오기를 기다리는
거슴츠레 눈 떠 있는 문패 앞에서
안절부절하며 손님처럼 기웃거리고 있었다

– 「비가 오면」

1984년 평택에서 신혼살림을 할 때였다. 그 해에는 하루가 멀다하고 비가 자주 왔다. 나는 몸이 몹시도 아팠었다. 학문을 하고 싶었으나 여러 여건이 되지 않았다. 평택의 충혼산을 산책하며 육신과 마음을 달래곤 했다. 「비가 오면」은 그 때의 심경을 노래한 것이다.

「비가 오면」, 석야 시·서, 1996 시·서·도 전시회 출품작, 대전 삼성갤러리, 27×30cm

양귀비 꽃

너무나 예뻐서 그만 저지르고 말았습니다.

먼 훗날 그대를 찾아가면 나는 시가 될 겁니다.

– 「양귀비꽃」

2012년 여수세계박람회를 구경했다. 메마른 정원 한 구석, 박토 위에 홑양귀비꽃을 발견했다. 바람에 날리는 붉은 홑치마의 모습에 눈이 아팠다. 그 홑치마에 봄하늘 한쪽이 환히 비치고 있었다. 그 때 썼던 시이다.

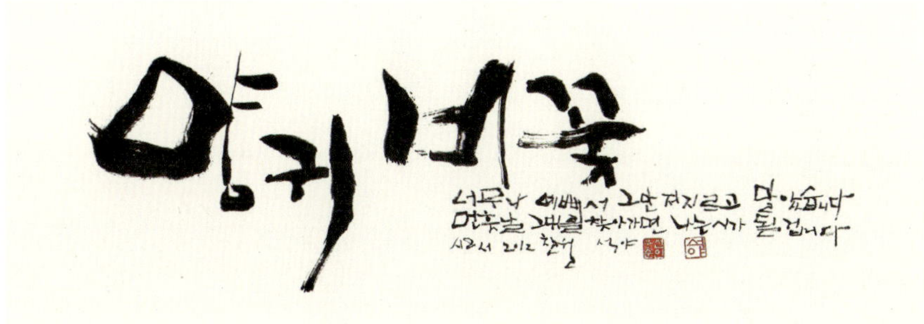

「양귀비 꽃」, 석야 시·서, 2012 한국한글서예정예작가초대전 출품작, 93×33㎝, 가언 김영남 소장

메꽃

갈대밭 사이로
바람이 스쳐갈 때
빗방울이 창포잎을 두드리며 지나갈 때
그리고 산그늘이 질 때
아내 같이 예쁜 메꽃
세상에 그보다 더 예쁜 꽃이 없습니다

–「메꽃」

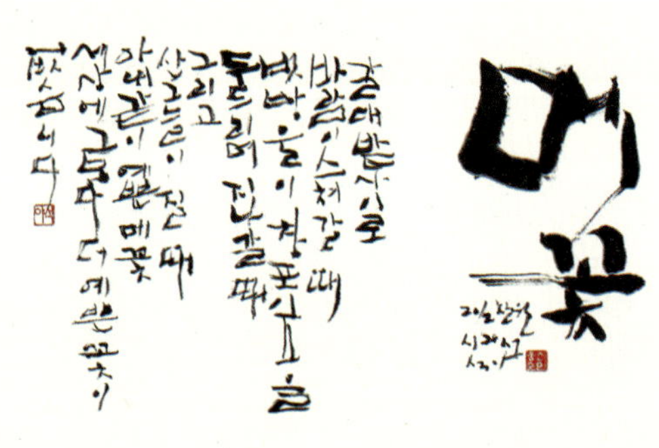

집에서 멀지 않은 곳에 옥계천이 있다. 가끔 산책을 나갔다. 거기에는 철마다 온갖 꽃들이 핀다. 물오리, 백로, 왜가리들, 해오라기들도 물질하러 나온다. 민들레. 오랑캐꽃, 붓꽃, 메꽃, 찔레꽃, 애기똥풀, 개양귀비, 달개비, 망초꽃, 오동꽃 등, 나머지는 내가 모르는 꽃들이다. 갈대도 있고 억새도 있고 수양버들도 있다.

산책 할 때면 언제나 꽃들이 새롭다. 내 고향 천변에도 이런 꽃들이 피어났었다. 갈숲 새로 에메랄드빛 하늘을 닮은, 내 아내와 닮은 메꽃은 참으로 예뻤었다. 내 고향 천변 메꽃을 떠올리며 썼다.

「메꽃」, 석야 시·서, 2012 한국한글서예정예작가초대전 출품작, 50×33㎝

내 사랑은 1

함박눈 때문에
인생은
굽을 틀고

늘 거기
섬이 있어
사랑은 출렁이나

울음이 섞인 내 나이
해당화로 터지고

— 「내 사랑은 1」

따뜻한 봄이면 해당화는 투욱 터진다. 사람도 다르지 않다. 젊었을 적 그렇게도 퍼부었던 함박눈들, 늘 거기 섬이 있어 사랑은 출렁거렸다.

40대를 사실주의 시대라고 한다. 20대의 낭만주의 시대를 지나 3,40대에 사실주의 시대로 접어들면 외롭다. 정신없이 살아온 3,40대. 그만큼 3,40대는 고독하다. 고독도 나이를 먹는가보다. 누군가가 채워주기를 바라고 누군가가 적셔주기를 바라던 3,40대. 그러나 어느 누구도 채워질 수 없고 적셔질 수 없다는 것을 깨닫게 된다. 인생의 허무를 뒤늦게 터득하게 되는 것이다.

그날은 함박눈이 펑펑 쏟아졌다. 그 때 만났던 여인이었다.

「내사랑은 1」, 석야 시 · 서, 1996 시·서·도 전시회 출품작, 대전 삼성갤러리, 20×30cm

내 사랑은 50

머언
세월일까
머언
기슭일까

못 부친
엽서 한 장
놓고 간
이는

봄비가
내리는 날이면
시가 되는
가슴 한 켠

– 「내 사랑은 50」

지난 사랑은 세월이 흘러야 아름다운 것인가. 사랑한다 말하기 싫어 못 부친 엽서 한 장 놓고 간 이 있다고 이제와 변명한다네.

못 부친 엽서 한 장은 누구든 있기 마련이다. 내게도 그런 사람이 있었다. 20대 초에 짝사랑했던 여인이 있었다. 35년만에 그녀를 만났으나 만나지 말걸 그랬다.

그녀는 단 한 번 마른 땅을 적시고 간 한여름 소나기였다. 단 한 번 마른 하늘을 때리고 간 한여름 천둥, 번개였다. 만나지 말았어야 했다. 적시고 간 가슴은 말랐고 가슴을 치고 떠난 하늘은 까마득 사라졌다.

단 한 번의 짝사랑은 소나기처럼 금세 지나가고 마는 것이다. 정말 아름다운 것은 오랫동안 함께 머물고 있는 것들이다. 내 아내의 사랑이 성큼 다가오는 것은 어인 일인가.

「내사랑은 50」, 석야 시·서, 2012 한국한글서예정예작가초대전 출품작, 80×23㎝, 무원 조경순 소장

내 사랑은 37

유난히
파도가 많아
참말로
서러운 사람

유난히
길이 많아
참말로
그리운 사람

그렇게
많은 빗방울
서성이다 간
그 사람

– 「내사랑은 37」 전문

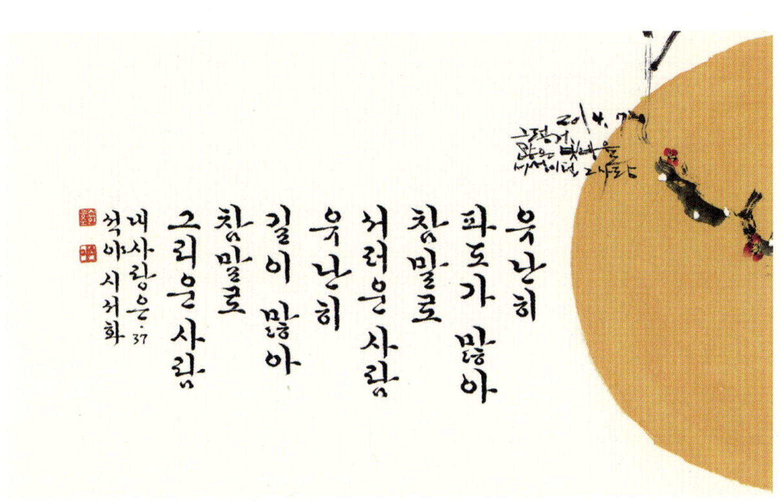

어쩌면 사람 냄새가 나는 5,60대의 휴머니즘 시대가 인생에서 가장 아름다운 나이일지 모른다. 인생에서 가장 높은 데에서 바라볼 수 있지 않은가. 그래서 5,60대는 더더욱 서럽고 그리운 나이일지도 모른다. 50대 초에 썼던 작품이다.

그 많은 빗방울 서성이다 간 사람은 누구인가. 지난 날 그렇게 많은 소나기를 퍼붓다간 그렇게 많은 함박눈을 퍼붓다간 이는 누구인가?

이젠 많은 사람을 만나면서 많은 사람과 대화면서 살고 싶지 않다. 우리에게는 그럴 시간이 많이 남아있지 않다. 몇 사람이라도 얼마나 그 사람이 소중하고 애틋한 사람인가를 생각하며 살 것이다. 만나는 그 사람은 나를 위해 태어난 사람이라고 생각하며 살 것이다.

세상에서 제일 아름다운 어머니, 세상에서 제일 소중한 아내, 그리고 세상에서 제일 애틋한 연인을 만났으니 나는 참으로 행복한 사람이다.

「내 사랑은 37」, 석야 시·서·화, 2014 주미한국대사관 워싱턴한국문화원 주최 568돌 한글날기념 한글서예초대전 출품작, 57×23㎝

겨울비

꽃에게, 녹음에게, 낙엽에게 다 주어 더 이상 줄 곳도 없는 나그네. 겨울비는 빈자의 모습으로 겨울 늦게 낯선 동네로 돌아온다. 산동네 불빛도 둘러보고 좁은 언덕의 골목도 마다하지 않고 오른다.

산천은 가진 것이 없는가. 참으로 눈부시다. 산허리 저 물안개는 누가 풀어놓고 간 붓질이며, 앙상한 겨울나무는 누가 울고간 노래인가. 저 마른 산녘의 강물은 누가 쓰고 간 서체이며, 저 하늘 비워둔 세월은 누가 보내준 편지인가.

빈자가 아니면 어찌 순백의 화선지에 저런 절구를 훔쳐 낼 수 있단 말인가. 감나무, 밤나무 낙엽이 진, 산꿩이 울고 간, 내 고향 고추밭 어디쯤일 것이다. 거기에서 겨울비는 적막하게 온다.

– 신웅순의 수상 「겨울비」에서

꽃에게녹음에게낙엽에게다주어더이상줄곳도없고갈곳도없는나그네겨울
비는빈자의모습으로겨울늦게낯선동네로돌아온다산동네불빛도둘러보고
좁은언덕의골목도마다하지않고오른다산천은가진것이없는가참으로눈부
시다산허리저물안개는누가풀어놓고간붓질이며앙상한겨울나무는누가울
고간노래인가저마른산녘의강물은누가쓰고간서체이며저하늘비워둔세월
은누가보내준편지인가빈자가아니면어찌순백의화선지에저런절구를훔쳐
낼수있단말인가감나무밤나무낙엽이진산꿩이울고간내고향고추밭어디쯤
일것이다거기에서겨울비는적막하게온다 겨울비 석야 신웅순

「겨울비」, 석야 서, 2011 대한민국미술대전 입상작, 70×200cm, 가언 김영남 소장

애기똥풀

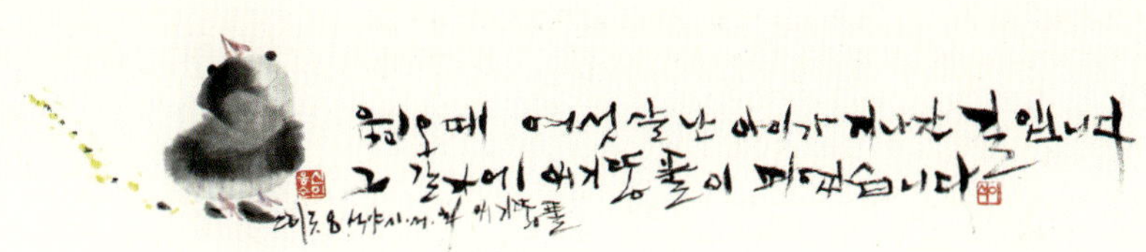

육이오 때 여섯 살 난 아이가 지나간 길입니다.

그 길가에 애기똥풀이 피었습니다.

– 「애기똥풀」

몇 년 되었다. 우연히 폐가 공터에 망초꽃 천지인 사진 한 장을 보았다. 순간 가슴이 울컥했다. 지난날 6.25 때 부모 잃은 어린 아이가 그 길을 걸어갔을 것이라는 생각이 들었다. 어미 잃은 병아리 한 마리를 그렸다. 거기에다 시를 부쳤다. 그 아이는 지금은 영화 '국제 시장' 주인공쯤 나이를 먹었을 것이다.

「애기똥풀」, 석야 시·서·화, 2015 한국교수서예초대작가전 출품작, 67×18cm

산국

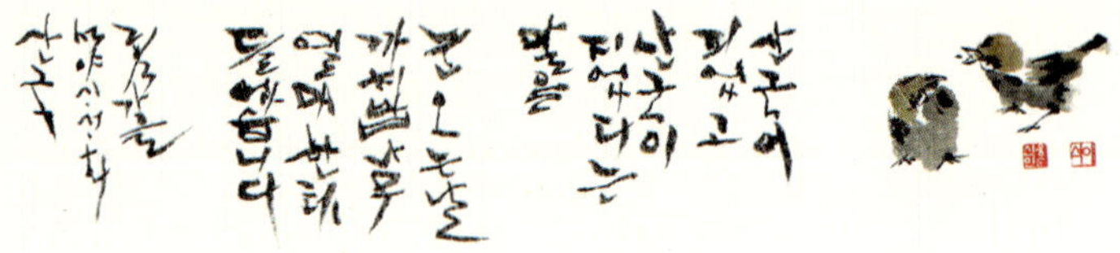

산국이 피었고
산국이 지었다는 말을

눈 오는 날
까치밥 나무 열매한테서 들었습니다.
– 「산국」

산에 지천으로 피고 졌던 가을 산꽃. 이름이 무엇인지 몰랐던, 초가을 산그늘 아래 미소 짓던 노란 산꽃. 아낌없이 주는 외경스러운 산국을, 해마다 아름다운 선물을 주는 산국을 누가 개국화라 했는가.

산국이 좋았다. 산에 가면 노랗게 핀 서늘한 산국이 좋았다. 빨간 마른 까치밥 나무 열매 사이로 피어있는 마른 산국이 좋았다.

눈이 오는 날 산에 가보아야겠다. 눈에 덮힌 빨간 까치밥 나무 열매를 보러 가야겠다. 그 열매가 내게 산국이 언제 피었고 언제 졌는지를 알려줄 것이다. 그리고 찬바람이 언제 불어왔는지 가을비가 언제 내렸는지도 알려줄 것이다. 봄비가 내리는 날도 알려 줄 것이다. 산국과 함께 살았으니 산속의 비밀과 이치를 누구보다도 더 잘 알 것이 아닌가.

「산국」, 석야 시·서·화, 제4회 사단법인 국제서법예술연합 한국본부 호서지회전 출품작, 67×18cm

조침문

아깝다. 바늘이여, 어여쁘다 바늘이여. 너는 미묘한 품질과 특별한 재치를 가졌으니 물 중의 명물이요, 철 중의 쟁쟁이라. 민첩하고 날래기는 백대의 협객이요, 굳세고 곧기는 만고의 충절이라. 추호같은 부리는 말하는 듯하고 뚜렷한 귀는 소리를 듣는 듯 한지라. 능라와 비단에 난봉과 공작을 수놓을 제 그 민첩하고 신기함은 귀신이 돕는 듯하니 어찌 인력이 미칠바리요. 오호, 통재라 자식이 귀하나 손에서 놓일 때도 있고 비복이 순하나 명을 거스릴 때 있나니 너의 미묘한 재질이 나의 전후에 수응함을 생각하면 자식에게 지나고 비복에게 지나는지라 천은으로 집을 하고 오색으로 파란을 놓아 곁고름에 채였으니 부녀의 노리개라.

– 유씨부인의 「조침문」 일부

「조침문」, 석야 서, 2006 제25회 대한민국미술대전 특선작, 70×200㎝

사미인곡

이몸 삼기실 제 님을 조차 삼기시니 ᄒᆞᆫ생 연분이며 하늘 모ᄅᆞᆯ 일이런가 나 ᄒᆞ나 졈어잇고 님ᄒᆞ나 날 괴시니 이 ᄆᆞ음 이 ᄉᆞ랑 견졸ᄃᆡ 노여 업다 평ᄉᆡᆼ 애원ᄒᆞ요ᄃᆡᄒᆞᆫᄃᆡ 이 녜쟈ᄒᆞ얏더니 늙거야 므ᄉᆞ일로 외오두고 그리ᄂᆞᆫ고 엇그제 님을 뫼셔 광한년의 올낫더니 그더ᄃᆡ 엇디ᄒᆞ야 하계예 ᄂᆞ려오니 올저긔 비슨머리 허틀언디 삼년일쇠 연지분 잇ᄂᆡ마ᄂᆞᆫ 눌위ᄒᆞ야 고이홀고 ᄆᆞ음의 ᄆᆡ친실음 텹텹이 빠혀이셔 짓ᄂᆞ니 한숨이오 디ᄂᆞ니 눈믈이라 인ᄉᆡᆼ은 유ᄒᆞᆫᄒᆞᆫᄃᆡ 시롬도 그지업다 무심한 셰월은 믈흐ᄅᆞᄃᆞᆺ ᄒᆞᄂᆞᆫ고야 염냥이 ᄣᆡᄅᆞᆯ 아라 가ᄂᆞᆫᄃᆞᆺ 고텨오니 듯거니 보거니 늣길 일도 하도할샤 동풍이 건듯부러 젹셜을 헤텨내니 창밧긔 심근ᄆᆡ화 두세가지 픠여셰라 ᄀᆞᆺ득 ᄂᆡᆼ담ᄒᆞᆫᄃᆡ 암향은 므ᄉᆞ일고 황혼의 ᄃᆞᆯ이조차 벼마ᄐᆡ빗최니 늣기ᄂᆞᆫᄃᆞᆺ 반기ᄂᆞᆫᄃᆞᆺ 님이신가 아니신가 뎌 ᄆᆡ화 것거내어 님겨신ᄃᆡ 보내오져 님이 너ᄅᆞᆯ 보고 엇더타 너기실고 ᄭᅩᆺ디고 새닙나니 녹음이 ᄭᆞᆯ렷ᄂᆞᆫᄃᆡ 나위 젹막ᄒᆞ고 슈막이 뷔여잇다 부용을 거더노코 공쟉을 둘러드니 ᄀᆞᆺ득 시롬한ᄃᆡ 날은 엇디 기돗던고

– 정철의「사미인곡」에서

정철의「사미인곡」, 석야 서, 2010 대한민국미술대전 입선작, 70×200㎝

어머니 20

백골이 진토 되었을 내 어머니, 어머니의 삶은 빗방울 소리였고 바람소리였다. 어머니의 길이 아니면 누가 그런 소리 낼 수 있는 것인가. 나 역시 어머니처럼 또 그렇게 살고 있으니 그것이 우리의 삶이 아니고 무엇이랴.

「어머니 20」은 어머니의 일생이다. 궁체로 살아온 어머니였으나 어머니는 정자체로는 살지 못했다. 빗방울 소리, 바람소리 때문에 흔들리며 살아왔다. 궁체 흘림으로나 써드리면 조금은 위안이 될 수 있을까.

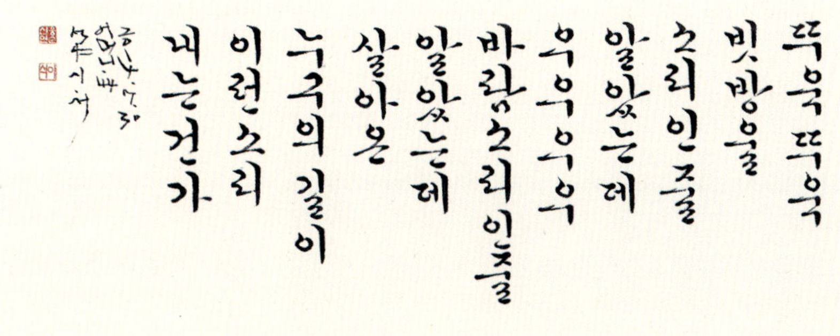

「어머니 20」, 석야 시·서, 2015 한국교수서예초대전 출품작, 27×62cm

내 사랑은 36

강은 흐르는 게 아니다 깊이 생각하는 것이다
바람은 부는 게 아니다 몹시 그리워하는 것이다
서 있는 게 아니다 산은 서럽게도 기다리는 것이다

–「내 사랑은 36」

내 고향은 충남 서천이다. 금강 하구 작은 지류, 산이 있는 들녘의 고향집 강가에 서면 강물은 무슨 생각에 잠겼는지 주위를 뱅뱅돌다 저녁 늦게야 떠나곤했다. 어린 날의 추억이 훗날 이런 시를 낳았는지 모르겠다. 금강 사랑이 아니었으면 나는 이런 강을 그리지 못했을 것이다. 그림 위에다 '강은 흐르는 것이 아니라 생각하는 것이다' 라고 썼다.

「내 사랑은 36」 일부, 석야 시·서·화, 2015 한국교수서예가초대전 작품, 45×32㎝

훗날에 이것이 배경이 되어 「어머니2」를 쓰게 되었다. '강이/서러워서/흐르는 게 아니다//산이/그리워서/서 있는 게 아니다//그 봄비/아득한 길을/뻐꾸기가/울어 그런 것이다'

세상에 필요 없는 것은 하나도 없다. 나름대로의 몫이 다 따로 있는 법이다. 이도 인연이라면 인연이리라.

평화 · 사랑 · 기쁨

한지에 평화 · 사랑 · 기쁨의 색을 만들어 보았다.

평화가 있을 것 같고, 사랑이 있을 것 같고, 기쁨이 있을 것 같았다.

그렇게 기도하면서 썼다.

「평화 · 사랑 · 기쁨」, 석야 서 · 화, 2014 주미한국대사관 워싱턴 한국문화원 주최 568돌 한글날기념 한글서예초대전 출품작, 9×40cm

무(無)

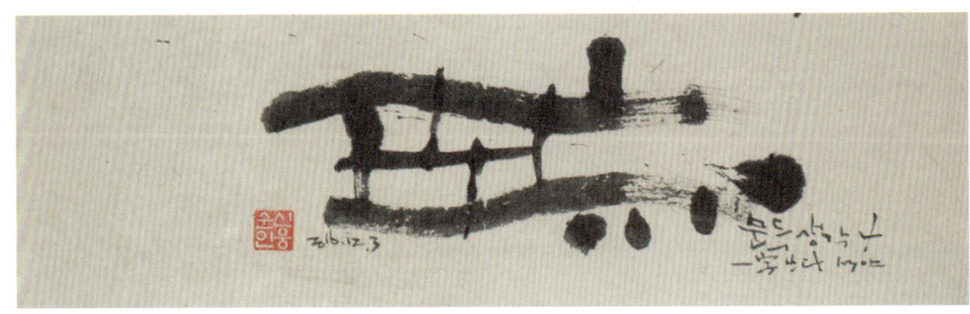

규정할 수 없는 근원적 · 절대적인 것에 대해 나만의 방식으로 조형을 통해 표현하고 싶었다. 특별한 뜻을 갖고 있는 것은 아니다. 문득 생각이 나 아무 생각이 없이 붓 가는대로 썼다. 쓰고 보니 어디론가 멀리 날아가고 있는 것처럼 보였다. 나의 바램이었을까.

一字書 「無」, 석야 서, 제14회 세계서예축전 출품작, 24×74㎝

거(去)

'이 또한 지나가리라' 는 말은 기쁠 때 교만하지 않게 하고 절망에 빠졌을 때 용기를 줄 수 있는 유대 경전 미드라쉬 '다윗왕의 반지' 에 나오는 경구이다. 이런 뜻을 가진 去(지날 거)를 좌우명으로 삼을 만해 '비행기' 혹은 '화살' 과 비슷한 반추상문자로 시각화시켜보았다.

一字書「거(去)」, 이 또한 지나가리라 This,too,shall pass away, 석야 서, 대전예술, 2017, 35×67㎝

어머니 44

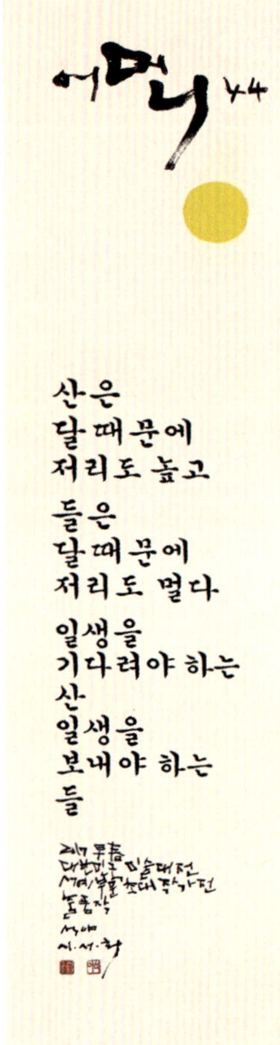

산은
달 때문에 저리도 높고

들은
달 때문에 저리도 멀다

일생을 기다려야하는 산
일생을 보내야하는 들

– 「어머니 44」

나는 산과 들을 보며 자랐다. 초등학교나 면사무소에 갈 때면 산을 넘고, 중학교나 읍내에 갈 때는 들을 건넜다. 초등학교 때는 무서운 공동묘지를 지났고 중학교 때는 긴 개천을 건넜다.

거기서 나는 초등학교, 중학교를 다녔고 나이 들어선 5년을 초등학교 선생을 했다. 내 고향의 달은 언제나 산에서 떠서 들을 오랫동안 비추다가 산으로 졌다. 달 때문에 산은 높고 달 때문에 들은 멀어졌다. 산녘에서 누군가를 기다렸고 들녘으로 누군가를 보냈다. 이것이 내 고향의 숙명이었다. 그 때 그 달은 내 가슴에 떠서 영원히 지지 않고 있다. 어두울 때마다 지금도 내 인생의 들을 멀리 비추고 있다.

아버지는 산이었고 어머니는 들이었다.

「어머니 44」, 석야 시·서·화, 2017 대한민국미술대전 서예부문 초대작가전 출품작, 35×117cm

매월헌(梅月軒)

매월헌은 나의 서재명이다. 제자 어머니의 집, 2층을 빌렸다. 마당에는 고매화가 있다. 내가 이 집을 선택한 것도 바로 고매화 때문이다. 나는 대나무와 매화를 좋아한다. 대나무는 비어서 좋고 곧아서 좋다. 매화는 추어도 향기를 팔지 않고 그 향기가 천리를 가서 좋다. 내가 그러하지 못하니 대나무와 매화를 더욱 사랑할 수밖에 없지 않은가.

매화가 있으면 달이 뜬다. 매월에 집 헌자를 붙여 매월헌이라 명명했다. 매화가 있고 달이 머물다 가는 그런 집이다. 한국시조예술연구회, 한국한글서예술연구회 편액도 같이 걸었다.

매월헌엔 방 2, 거실, 주방 등 4실이 있다. 거기에도 각각의 이름을 붙여주었다.

큰 방은 學而, 거실은 書而, 작은 방엔 茶而이다. 논어의 '배우고 때때로 익히면 또한 기쁘지 아니한가 學而時習之, 不亦說乎'의 앞 두 글자를 땄다. 학이는 학문의 방이요 서이는 서예하는 방이요 다이는 차를 마시는 방이다.

이렇게해서 매월헌은 완성되었다.

「매월헌」, 석야 서, 석야 연구실, 서재 편액, 75×40cm

생활 성서

내가 잘 나 있으면 주님은 못난 채 남아있습니다

생활 성서를 읽다 이 구절에 눈이 갔다.
'맞다, 맞아'
되뇌었다.
사람은 잘 난 것도 못 난 것도 없다.
언제나 묵상할 수 있어 좋았다.

「생활 성서」, 석야 서, 2017 제5회 가톨릭서예전 출품작, 62×12cm

친구

71×34cm

이보시게 친구
가을비가 차다네.
차 한 잔 하고 가시게나

– 「친구」

밖에는 가을비가 내리고 있다. 갈 데가 없었는지 고추 잠자리 한 마리가 방에까지 와 다기에 앉아 있다. 갈대밭 어디쯤을 날다가 지친 날개를 쉬러 예까지 왔는가. 나그네 친구라도 승방 같은 내게는 이리도 반가운 것이다.

가을비가 차다. 고추 잠자리 보고 따뜻한 차 한 잔 하고 가라 했다. 미물이라한들 어찌 차 한 잔이 없어서야 되겠는가. 사람이면 어떻고, 사물이면 어떻고, 세상 모든 것들이면 또 어떤가. 이런 차 한 잔의 여유면 어떨까 싶다.

“이보시게 친구. 차 한 잔 하고 가시게나.”

“다 따르지는 말게. 우리의 사랑과 정성도 함께 따라야하지 않겠는가.”

늘 보고 싶은 그대

띄어쓰지 못하고 빈칸만 끌고온 내사랑 그 빈칸에 언제나 그대가 있었다.

「늘 보고 싶은 그대」, 석야 서, 2014 주미한국대사관 워싱턴 한국문화원 주최 568돌 한글날기념 한글서예초대전 출품작, 22×50㎝

도란도란

大烹豆腐瓜薑菜 高會夫妻兒女孫

위대한 반찬은 두부 · 오이 · 생강(원서엔 가지) · 나물이고,

훌륭한 모임은 부부와 아들 딸 · 손자가 함께하는 것

추사 김정희가 만년에 남긴 말이다. 그가 세상을 돌아다니며 산해진미 다 먹어보았으나 돌아와 보니 소박한 두부와 오이 · 생강 · 나물이 최고의 반찬이라는 것이다. 세상에 많은 회합을 가져보았으나 돌아와 보니 사랑하는 아내와 아들 딸, 손자의 가족이 최고의 모임이라는 것이다.

인생 만년에 깨달은 명구이다.

「도란도란」은 오손도손 살아가는 평화로운 미래를 꿈꾸며 캘리그라피 형식으로 담아보았다. 세상에 가정만큼 소중한 것은 없다. 가정이 화목해야 사회도 나라도 평화스럽지 아니한가.

「도란도란」, 석야 시·서·화, 2015 유정한글서회전 출품작, 60×33cm, 소월 정연복 소장

내 사랑은 11

20×71cm

세찬
찬바람도
그 곳에서
잦아들고

종일
눈발도
그 곳에서
잦아드는

아늑한
가슴 한 켠에

등불 걸어둔 그대

– 「내 사랑은 11」

그 옛날 고향집 등잔불 밑에서 어머니는 양말을 기우셨다. 세상에서 가장 아름답고 평화로운, 아버지를 기다리고 자식을 기다리는 곳이었다. 언제나 내 가슴에 있는 세상에서 가장 따뜻하고 아늑한 곳이었다. 등불이 휘어있다. 바람이 새는 그런 집이었다.

어머니 41

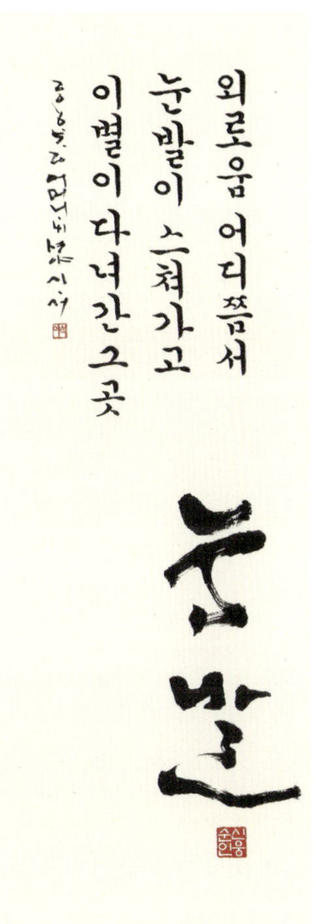

「눈발」, 석야 시·서, 2016 대전예술제 출품작, 34×96cm

적막
어디쯤서
소나기가
지나가고

외로움
어디쯤 선
눈발이
스쳐가고

이별이
다녀간 그 곳
인생도
다녀간 그 곳

– 「어머니 41」

이별이 다녀가고 인생도 다녀간 그 곳은 어디일까. 소나기가 지나가는 적막 어디쯤일까, 눈발이 스쳐가는 인생 어디쯤일까. 어머니는 거기에 계실 것이다. 어쩌면 우리가 살아왔던 이승일지 모르겠다.

어머니 45

찬바람으로도 못 가고
가을비로도 못 가고

쑥부쟁이
보러간다고
저녁 길을
나섰는데

날리는 눈발 어디쯤서
영원한 적막
되었네

— 「어머니 45」

어머니는 찬바람으로도 못 가고 가을비로도 못 가서 눈발로 가셨다. 쑥부쟁이 보러 간다고 저녁 길을 나섰는데 날리는 눈발 어디쯤서 영원한 적막이 되었다. 그 때가 11시 40분쯤 겨울 한밤중이었다.

어머니는 그렇게 가셨다.

「어머니 45」, 석야 시·서·화, 2014 한국미술관 개관 1주년기념 출품작, 28×96cm

그믐달

서산 위에 잠깐 나타났다 숨어버리는 초생달은 세상을 후려 삼키려는 독부가 아니면 철모르는 처녀 같은 달이지마는 그믐달은 세상의 갖은 풍상을 다 겪고 나중에는 그 무슨 원한을 품고서 애처롭게 쓰러지는 원부와 같이 애절하고 애절한 맛이 있다. 보름의 둥근달은 모든 영화와 끝없는 숭배를 받는 여왕과 같은 달이지마는 그믐달은 애인을 잃고 쫓겨남을 당한 공주와 같은 달이다. 초생달이나 보름달은 보는 이가 많지마는 그믐달은 보는 이가 적어서 그만큼 외로운 달이다.

– 나도향의 「그믐달」에서

「그믐달」, 석야 서, 2008 대한민국미술대전 입선작, 70×200cm

내 사랑은 21

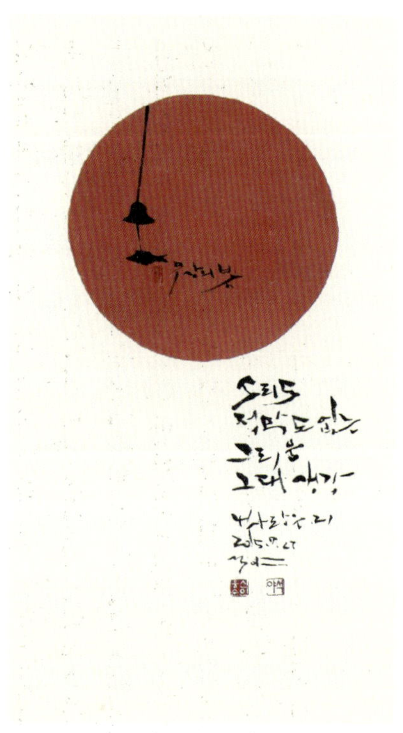

그렇게
부딪히고도
소리 하나
남지 않고

그렇게
부서지고도
적막 하나
남지 않고

소리도
적막도 없는
그리운
그대 생각

그대 생각을 하면 무슨 목소리라도, 무슨 적막이라도 있을 듯 한데 없다. 수 없이 부딪쳐서 수 없이 부서져서 소리 하나도 적막 하나도 남지 않은 그것이 사랑이 아닐까 싶다.

「내 사랑은 21」, 석야 시·서·화, 2015 한국교수서예가초대전 출품작, 28×96cm

가을엔

70×34cm

잠시 묵정 선생한테 그림을 배운 적이 있었다.

어느날 외암리 마을에 갔었다. 감 몇 개가 손뻗으면 닿을 듯 낮은 가을 하늘에 걸려있었다. 인상적이었다.

묵정 선생께 그것을 그렸으면 좋겠다고 말했다. 그 때 체본으로 그려준 감이었다. 여기에다 나의 시와 글씨를 붙였다.

어머니 58편

어머니

일

머물다 간
적막
먼 산녘
불빛 한 점은
스쳐 간
고독
먼 강가
바람 한 점은
부엉새
울음 같았다
뻐꾹새
울음 같았다

이

강이
서러워서
흐르는 게
아니다
산이
그리워서
서있는 게
아니다
그 봄비
아득한 길을
뻐꾸기가
울어 그런 것이다

삼

아무래도
슬픔은
먼 곳에
있는 것 같다
아무래도
설움은
더 먼 곳에
있는 것 같다
바람이
그런 것 같고
부슬비가
그런 것 같다

사

먼 별빛도
아니고
먼 달빛도
아닌데
먼 눈발도
아니고
먼 부슬비도
아닌데
산녘의
고독과 그리움을
어찌 알고
있었을까

오

하늘은
낮고
산은
깊었었지
유난히도
진달래꽃
붉게 핀
봄이었지
남몰래
산 너머 가서
울먹였던
그 봄비

육

감꽃
필 때였나
찔레꽃
필 때였나
왼종일
봄비가
산녘에서
내렸었지
내 사랑
강기슭에 와
울음 그친
그 빗소리

칠

봄비도
못 건너고
바람도
못 건너는
별들도
못 넘고
기러기 울음도
못 넘는
까마득
놓친 방패연
서녘 하늘
넘었을까

팔

바람은
설움에는
닿지를
말았어야
파도는
외로움에는
닿지를
말았어야
절대로
가슴엔 가슴엔
닿지를
말았어야

구

부슬비
그
설움을
알 수가 없고
눈발
그
외로움을
알 수가 없네
그 불빛
보일 듯 말 듯
저녁도
알 수 없네

십

겨울비는
산을
넘어가서
내리고
싸락눈은
개울을
건너가서
내린다
차비가
없었나 보다
주소가
없었나 보다

십일

산이
먼저가고
들이
따라서 갔다
그 때
진달래꽃
그 때
뻐꾸기 울음
뒤늦은
편지 끝구절에
말없음표
찍고갔다

십이

빈잔에는
설움만
있는 것이
아니다
달빛도
바람소리도
같이
섞여 있다
아득한
뻐꾹새 울음도
바닥에
묻어있다

십삼

외로움은
산녘이 없어
낙엽은
지지않고
그리움은
들녘이 없어
바람은
불지않는다
달빛이
그래서 서러웠던
지난날의
그 하늘가

십사

생각을
강으로는
다시는
보낼수 없다
그리움을
산으로는
다시는
보낼 수 없다
추위와
아픔이 끝나는
그곳으론
보낼 수 없다

십오

봄비는
불빛이
없어서
되돌아오고
함박눈은
고향이
없어서
되돌아간다
산녘은
그런 것이라고
바람이
말해주더라

십육

한 번도
간 적 없고
한 번도
만난 적 없다
설움이라
말들하고
고독이라
말들한다
몇구절
기러기 울음
그믐달이
전해줬을뿐

십칠

이보다
더 먼 곳이
어디
있으랴
영원으로
소멸해간
아픈
꽃잎 하나
이 순의
산모롱가에
하현달로
뜨는구나

십팔

고독한
것들은
늘 가까이에
있었고
그리운
것들은
늘 멀리에
있었다
고향의
눈발이 그랬고
고향의
부슬비가 그랬다

십구

바람이
아니라서
눈발이
아니라서
산을
못 넘고
강을
못 건넜지
바람과
눈발 다 맞는
아픈
생각 하나

이십

뚜욱뚜욱
빗방울
소리인줄
알았는데
우우우우
바람
소리인줄
알았는데
살아온
누구의 길이
이런 소리
내는건가

이십일

어떤 것은
철새가 되어
우주를 돌고
어떤 것은
강물이 되어
인생을 돈다
술잔도
마음이 아프면
그리 돌고
도나 보다

이십이

외로움은
한번도
강가를
떠나지 않고
그리움은
한번도
산녘을
떠나지 않는다
돌아올
곳이 없다더라
갈 곳이
없다더라

이십삼

젊었을 땐
먼 곳에서
새울음 소리
들렸는데
지금은
가까이에서
목어 소리
들려온다
몰랐네
산너머 하현달이
일생
숨어있는줄

이십사

뻐꾹새
소쩍새가
앉았다
간 걸 보면
산국
씀바귀꽃
피었다
진 걸 보면
바람도
울다가는 곳
따로
있나보다

이십오

울음은
글자가 없어
띄어쓸
수가 없다
읽을 수도
지울 수도 없는
그런 사연
있었나
인생이
그런 것이라면
빈 칸들은
어쩌는가

이십육

한 십년
이별은
거길
못 떠났고
또 한 십년
적막도
거기를
못 떠났지
영원히
눈발날리는
가슴에나
있는 섬

이십칠

아직도
못떠난
가을이
있었나보다
이미
떠나버린
겨울도
있었나보다
맨 처음
만남이 그랬고
맨 나중
이별이 그랬다

이십팔

생각도
만추가 되면
붉게도
물드는가
떠나지도
못한 것들
울지도
못한 것들
우수수
낙엽이 되어
빈칸으로
지는구나

이십구

이별은
하도 멀어
닿을 데가
없는가
철새 울음
스쳐가고
우주 끝도
스쳐가고
가는 길
하도 아득해
눈발로나
가나보다

삼십

새소리
때문에
산국은
지천으로 피고
물소리
때문에
산국은
지천으로 진다
울음이
그렇게 많아
지천으로
피고 진다

삼십일

바람은
그날
물빛을
가져갔고
봄비는
그날
그림자를
가져갔다
영원히
돌아오지 않는
울음도
가져갔을까

삼십이

싸늘한
회초리로
빈 허공
내려치는
먼 곳으로
서럽게도
쏟아내는
소나기
한평생
저문 산녘의
꽃잎들이
그랬으리

삼십삼

툇마루
햇살 옆은
내가
기다렸던 곳
추녀 끝
달빛 아래는
어머니가
기다렸던 곳
서있는
높은 산이었던 곳
흐르는
긴 강이었던 곳

삼십사

기러기 울음도
목이 쉬면
별자리를
이루는가
새벽 혼자
홀봉숭아
뒷결에서
붉게 울던
아득히
그믐달처럼
뜨고지던
생각

삼십오

늦가을
잎새 하나
천년으로
지고있다
물빛도
스쳐가고
불빛도
스쳐가고
불이 문
끊어진 길을
초승달이
가고있다

삼십육

우수수
바람불면
잎새들이
지는데
마지막
이름하나
툭
지는
천년 후
가슴에나 닿을
거기가
그리움입니다

삼십칠

지평선
어딘가에
혼자있을
가슴 한켠
내 등불은
천년에나
한번씩
깜박일까
그 불빛
데려간 눈발
고향집에
가 있을까

삼십팔

구름은
길없이도
왔다가는
또가고
바람은
길없이도
갔다가는
또 오는데
어쩌랴
평생가슴에서
철썩이는
파도는

삼십구

외로움
잃어버리면
꽃이
피는가봐
그리움
잃어버리면
새가
노래하는가봐
그런 것
다 잃어버리면
사람이
우는가봐

사십

어렸을 적
부엉새가
부엉부엉
울었던 곳
그 겨울
하늘을 넘다
허공에서
얼었던
그 곳에
하현달이 떴다
참으로
높이도 떴다

사십일

적막
어디쯤서
소나기가
지나가고
외로움
어디쯤선
눈발이
스쳐가고
이별이
다녀간 그곳
인생도
다녀간 그곳

사십이

고추밭에
추적추적
겨울비가
내린다
두어페이지
읽다
훌쩍떠난
그 산꿩
내 생애
그런 편지도
그런 답장도
있었나

사십삼

오선보
첫줄에서
종일
운 적 있었지
마른 인생
몇 구절
옹이져서
떨어진
이순의
길모퉁이에
엉겅퀴로
피었네

사십사

산은
달때문에
저리도
높고
들은
달때문에
저리도
멀다
일생을
기다려야하는산
일생을
보내야하는들

사십오

찬바람으로도
못가고
가을비로도
못가고
쑥부쟁이
보러간다고
저녁길을
나섰는데
날리는
눈발 어디쯤서
영원한 적막
되었네

사십육

고작
편지 몇줄이
내 인생
전부인데
물혹의
먼 길가
에돌아 부는
가을바람
감물든
빈칸 몇줄은
지울 수가
없구나

사십칠

어느날
산녘에서
울먹이던
봄바람
가을비
눈발들이
전부다
가져갔는데
굽이진
산모롱가에
진달래
붉게도 피었네

사십팔

흰구름도
지우고
먼 하늘도
지우고
그렇게
가도가도
닿을 수 없는
그믐달
고독한
당신의 길가에
피어있는
씀바귀꽃

사십구

봄날엔
사색도
열이
오르는가
더엉킨
바닷가
어디쯤이
차가울까
바람이
떠난눈발에서
각혈하는
붉은 동백

오십

초승달
뜰 때였나
산길을
놓쳤고
물총새
울 때였나
들길을
잃었었지
노을도
못간 긴세월
강물이
끌고간다

오십일

아침엔
비가
부슬부슬
내리더니
오후엔
비가
주룩주룩
내린다
평생을
들어본 적 없는
늦겨울
빗소리이다

오십이

산녘의
가을 바람은
언제나
서있다
그 길 밖에
없는 불빛
거기서
끝나는
초저녁
먼 강물 끌고와
함께 울던
그 산녘

오십삼

어느날
산모롱에서
울먹이던
봄바람
가을비
눈발들이
전부 다
가져갔는데
만추의
아픈 이름만은
데려가질
못했네

오십사

체념은
어디쯤서
천둥으로
울다가고
후회는
어디쯤서
소나기로
퍼붓다가나
오늘도
먼 길 없는 길
가고있을
겨울 낮달

오십오

노을에서
끊어지고
달빛에서
이어지고
물총새는
음을 잃고
그렇게도
울었었지
뉘 세월
풍금 소리가
이순에서
끊어지나

오십육

모든 것
다
놓고 간 줄
알았는데
울음이
아니라며
달빛이
아니라며
만추의
풀벌레 울음만
못놓고 간
초겨울비

오십칠

아침
그 하늘이
얼마나
촉촉했었는지
저녁
그 하늘은
또 얼마나
그윽했었는지
찔레꽃
필 때쯤이었나
뻐꾸기
울 때쯤이었나

오십팔

한 발자국도
걷지 못하는
봄비도
있었다
찰나도
서지 못하는
가을비도
있었다
뉘적막
다적시고는
눈발로나
가는가

1960×35cm

Part 2

사제 동행

늘그막에 내게 와 시조를 공부하는 학생들이다. 학생들이 정년 퇴임하는 나를 위해 축해해주었다. 헌시에 내 글씨를 얹혔다. 비오는 날 우산이 되었으면 좋겠고 눈이 오는 날 털옷이 되었으면 좋겠다. 인연이란 아무 때나 찾아오는 것이 아니다. 꼭 필요할 때 찾아오는 것이다.

제자들이 세상에서 제일 좋은 시를 썼으면 좋겠다. 그럴 것이라고 생각하며 글씨를 썼다. 만년에 만난 아름다운 인연들이다.

설중매

시조. 김미경 서. 신웅순

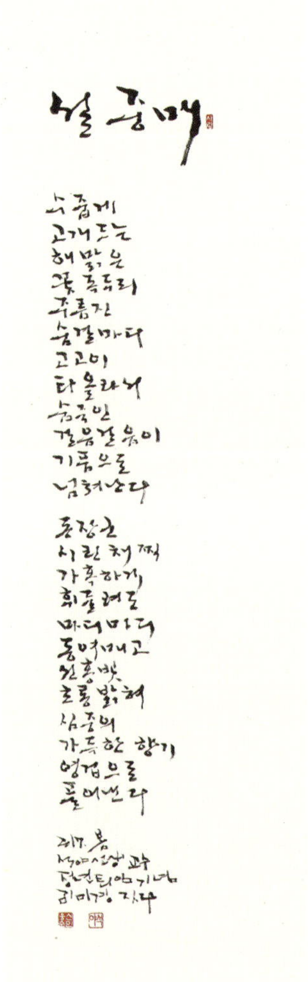

34×105cm

수줍게 고개드는 해 맑은 꽃족두리
주름진 숨결마다 고고이 타올라서
숨죽인 걸음걸음이 기품으로 넘쳐난다

동장군 시린 채찍 가혹하게 휘둘려도
마디마디 동여매고 선홍빛 초롱 밝혀
심중의 가득한 향기 영겁으로 풀어낸다

하얀 민들레

시조. 산빛 김성숙 서. 신웅순

88×34㎝

뿌리 속에 감추었던
갈망을 손에 들고

겸손을 시심으로
덖어서 우려내면

절개는 홀씨로 날아
온누리에 불을 켠다

시인의 방

시조. 김신영 서. 신웅순

95×34㎝

매월헌에 홀로 앉아 먼 산을 바라보다

봄물 달여 머금은 잔 무르익은 기품은

여백의 향기로 스며 묵필의 시 쓰고 있다

대금

시조. 가언 김영남 서. 신웅순

커다란 산이였습니다
깊은 물소리였습니다

그윽한 산꽃이
피어나는 소리였습니다

먼 산새
울음의 메아리
가슴에서 들려옵니다

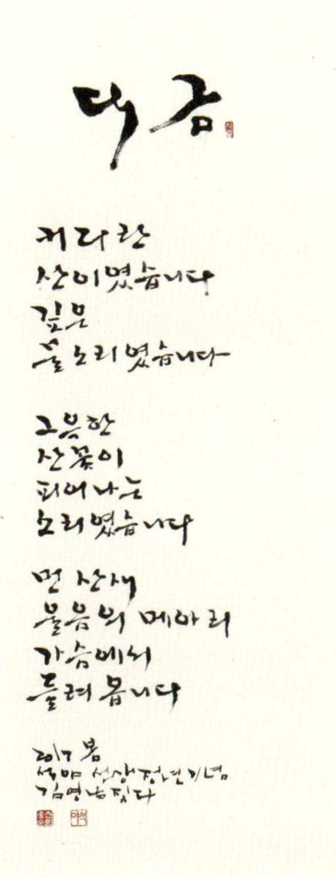

34×85㎝

묵란

시조. 류용곤 서. 신웅순

먹빛에 젖은 묵향
수려하게 펼친 붓끝

뜻 품은 여백 안에
고고하던 님의 기품

난초향 춤사위치며
화선지에 번져온다

34×95㎝

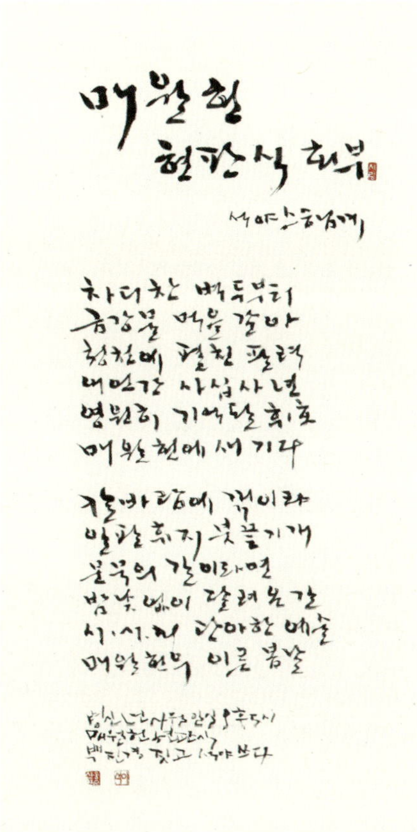

매월헌 현판식 회부
– 석야 스승님께

시조. 백진경 서. 신웅순

차디찬 벽두부터
금강물 먹을 갈아
청천에 사십사년
영원히 기억될 휘호
매월헌에 새기다

칼바람에 꺾이랴
일필휘지 붓끝 기개
문묵의 길이라면
밤낮 없이 달려온 길
시서화 단아한 예술
매월헌의 이른 봄날

34×70㎝

시조 배우기

시조. 심주영 서. 신웅순

은은한
향기로
촉각을 건드리며

맘 깊이
잠들어 있는
그림자를 깨우네

뒤늦게
늪에서 뜨는
연두빛 시조 사랑

34×70㎝

죽림진경

시조. 밝음 유선희 서. 신웅순

당당히
솟아오른
저 기개를
보아라

청포입은
바람이
멀리서
찾아오면

서그럭
글 읽는 소리
먹물처럼
번진다

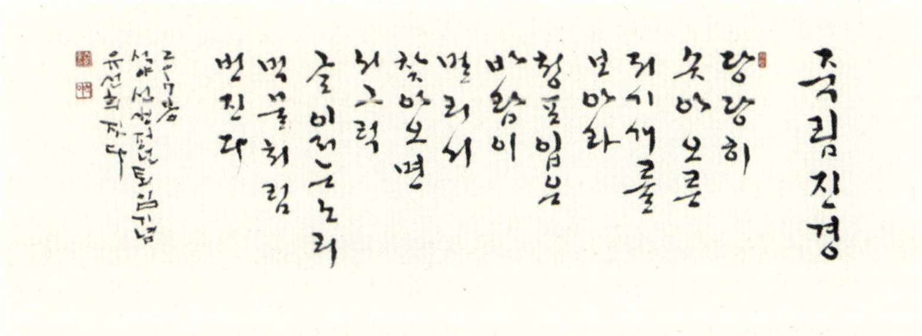

90×34cm

석야의 집

시조. 선어자 이호영 서. 신웅순

즐길 줄만 알았지 보살핀 이 없었다
팔백년 우리 시조 병들어 누웠는데
님이여 일생을 바쳐 아픈 시조 살려냈오

이어갈 어린 세대 공들여 키워내고
시인과 묵객 사랑 행복한 교실 열어
시서화 석야의 예술 신세계 이루었네

매월헌 홀로 앉아 보낸 손님 생각하니
푸르렀던 청춘에 못다한 일 남아있어
대망의 시조학 집필 필생의 일이어라

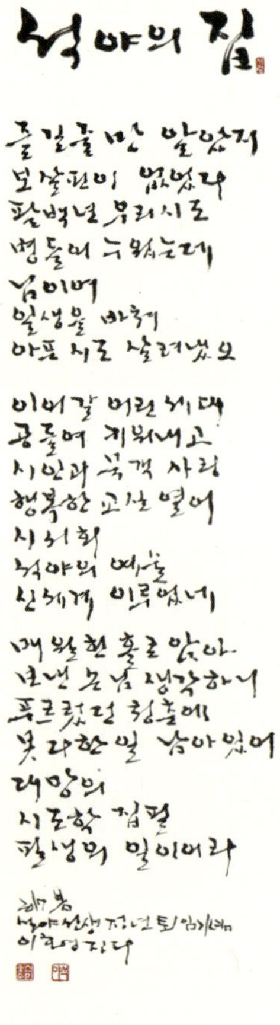

34×102㎝

천년지기

시조. 소월 정연복　서. 신웅순

잃어버린
봄을 찾는
바람 속
학 한 마리

일평생
외발로 서는
아픔을
이겨내며

이 땅의
푸른 전설로
새벽하늘
날고 있네

88×34㎝

정

시조. 무원 조경순 서. 신웅순

한 뼘
고요 속에
일구어낸
석
야
체

묘사인가
절규인가
안개인가
바람인가

서늘한
등 뒤에 서니
돌아서네
그리움이

한 뼘
고요 속에
일구어낸
석
야
체

묘사인가
절규인가
안개인가
바람인가

서늘한
등 뒤에 서니
돌아서네
그리움이

34×102㎝

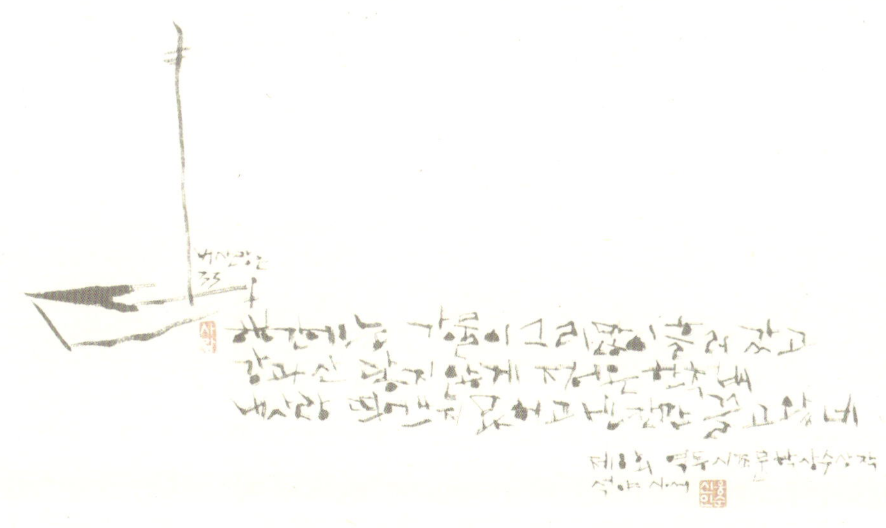
내 사랑은
33
한 켠에는 가을이 그리움이 흘러 갔고
강과 산 닿지 않게 지켜온 한 척 배
내 사랑 띄어 보내지 못하고 빈 잔만 굴리고 앉았네
제18회 역동시조문학상 수상작
석야 씀
신웅순

Part 3

축하 시·서·화

내 아내가 나를 축하해주기 위해 손수 홍매를 그려주었다. 아내는 내가 매화를 좋아한다는 것을 알고 있다. 아내에게 매향 같은 향기로운 남편으로 남아야겠다.

내 딸은 내게 아버지상을 그려주었다. 딸은 내가 추사를 존경한다는 것을 알고 있다. 아버지가 추사와 같은 사람이 되었으면 좋겠다는 생각에서 내 상의 뒷면에 추사의 글씨 '계산무진'을 배경으로 두었다. 그리 될 수 있으리라는 생각을 버리지 않을 것이다.

시·서를 즐기시는 시인 해월 채현병 선생님께서 내게 정년 기념으로 세폭의 축하 시·서를 보내오셨다. 정선과 이병연, 추사와 이재, 석북과 강세황의 우정 같은 따뜻한 시·서이다. 고마운 마음을 전한다.

이인숙의 「홍매도」

32×55㎝

아내가 그린 「홍매도」이다. 나는 매화를 사랑한다. 내 연구실의 서재명도 梅에 운치가 있을까 여기에 月을 붙여 梅月軒이라 명명했다. 매화는 일생의 추위에도 향기를 팔지 않는다고 한다. 그래서 나는 매화를 좋아한다.

정년 퇴임으로 아내는 내게 매화도를 그려주었다. 내 서재에 걸어두어 아내가 그려준 매화도의 의미를 오래 오래, 두고두고 새겨야겠다.

신효은의 「아버지」

90×73㎝

'계산무진' 은 68세 전후 추사의 만년 작품이다. 계산(溪山) 김수근에게 써 준 글로 "계산은 끝이 없다" 라는 뜻이다. 추사의 작품 중 균형미가 탁월하고 조형성이 매우 뛰어난 추사 작품의 백미이다.

추사는 소동파를 흠모해 소치의 「완당선생해천일립상(阮堂先生海天一笠像)」을 탄생시켰다. 소치는 추사의 제자이다. 스승의 마음을 헤아리는 참된 제자의 존경의 표시였다.

추사는 나의 롤 모델이다. 그 마음을 알아 내 큰 딸이 추사의 대표작 「계산무진」을 배경으로 초상화 「아버지」를 그려주었다. 아비의 마음을 헤아리는 큰 딸의 무한한 기대와 사랑의 표시이리라.

60대 중반의 모습이다.

해월 채현병 시인이 보내온 시조

석야집 시묵향과 석묵집 시묵향이
오롯이 살아나니 우리네 정경일레
이 모습 그려가면서 한수한수 부르세

정유년 입하절에 석야 신웅순 교수님의 정년퇴임기념 시서화집
절제와 인연의 미학 발간을 기려 읊어 쓰다. 해월 채현병

한손에 붓을 잡고 또 한손에 이책 들고
한쪽씩 펼쳐가니 석야님의 세계일레
시서화 가악무까지 두루두루 통달 하셨네

천대에 맺은 인연 면면이 살펴보니
수백년 지나고도 찬란히 빛나도다
신웅순 그 이름으로 또 한 세대 이으리

정유년 입하절에 석야 신웅순 교수님의 정년퇴임기념 시서화집
절제와 인연의 미학 발간을 기려 읊어 쓰다 해월 채현병

35×112cm×3

석야집 시묵향과 석북집 시묵향이
오롯이 살아나니 우리네 정경일레
이 모습 그려가면서 한 수 한 수 부르세

한 손에 붓을 잡고 또 한 손에 이 책 들고
한 쪽씩 펼쳐가니 석야 님의 세계일레
시서화 가악무까지 두루 통달하셨네

선대에 맺은 인연 면면이 살펴보니
수백년 지나고도 찬란히 빛나도다
신웅순 그 이름으로 또 한 세대 이으리

발행 2017년 6월 15일
인쇄 2017년 6월 02일

저 자 신웅순
펴낸이 최명근

펴낸곳 미술문화원 · 월간서예
등록번호 제9-26호
등록년월일 1980년 6월 5일
서울시 종로구 인사동4길 17, 건국관 105호
전화 02.730.4949 팩스 02.722.1351
홈페이지 www.calliart.co.kr

값 12,000원
ISBN 978-89-92568-29-6 93800

햇살이
좋아서
언제나
당신은
그랬습니다